EL FIN DE LA
ESPADA ARDIENTE
Adán & Eva y Jesús & María

EMMAUS
ROAD
PUBLISHING

Steubenville, Ohio
www.emmausroad.org

Emmaus Road Publishing
1468 Parkview Circle
Steubenville, Ohio 43952

Número de Control de la Biblioteca del Congreso: 2014952989
ISBN: 978-1-941447-21-5

Diseño e ilustraciones del texto por: T. Schluenderfritz

Nihil Obstat: Rev. James M. Dunfee, *Censor Librorum*
24 de enero del 2014

Imprimatur: Jeffrey M. Monforton, Obispo de Steubenville, Ohio, EE.UU.
24 de enero del 2014

El *Nihil Obstat* y el *imprimatur* son declaraciones eclesiales de que la obra en cuestión está libre de error moral y doctrinal. Lo cual no implica que aquellas autoridades eclesiales que hayan otorgado dichas declaraciones estén de acuerdo con el contenido de dicha obra, o las opiniones y afirmaciones ahí contenidas o expresadas.

EL FIN DE LA
ESPADA ARDIENTE

Adán & Eva y Jesús & María

MAURA ROAN McKEEGAN

Ilustrado por T. Schluenderfritz

¿Tú sabes algo acerca de Adán y Eva?

¿Sabes algo acerca de Jesús y la
Virgen María también?

Dos de ellos pertenecen
al Antiguo Testamento,

Y dos de ellos pertenecen
al Nuevo Testamento.

Sus historias son Palabra de Dios,

Y el mensaje que contienen es
genuino y verdadero;

Pero cuando leas estas dos
historias una al lado de la otra,

De repente, se hace evidente algo
que hasta entonces había
estado escondido.

Ahora échale una mirada más
profunda

A cómo la Biblia nos relata estas
dos historias:

Observa cómo comienza a trabajar
el Espíritu Santo

A medida que los misterios bíblicos
se revelan.

Encuentra tesoros escondidos,

Ocultos en las Sagradas Escrituras;

¡Deja que el Nuevo abra la puerta
De los secretos del Antiguo!

*"El Nuevo Testamento está oculto en el Antiguo, y el Antiguo
nos es abierto en el Nuevo."*
—SAN AGUSTÍN

I

En un jardín llamado el Edén
Dios creó a una mujer
    que no tenía mancha ni pecado.
Se llamaba Eva
Y Dios la creó para que ella fuese
    la primera madre
En toda la tierra.

1

En un pueblo llamado Nazaret
Vivía una mujer
   que jamás había pecado.
Se llamaba María
Y Dios la escogió para ser
   la madre más bendita
De toda la tierra.

Una serpiente tentó a Eva
Y le dijo
Que si desobedecía
    la ley de Dios,
Se volvería tan sabia como
    el mismo Dios.

Un ángel visitó a María
Y le dijo
Que si obedecía
    la voluntad de Dios,
Sería la Madre
    del Hijo de Dios.

4

Eva comió la fruta
Que Dios le había prohibido comer.
Le dijo ¡no! a Dios,
Y de esta manera cometió
   el primer pecado.

Eva le dio de comer a su esposo Adán,
La fruta del árbol prohibido.
Adán la comió, y después culpó a Eva
   por su propio pecado.
Por la desobediencia de Eva,
Sus hijos y el mundo entero
También pecó contra Dios.

María aceptó el fruto
Que el Espíritu Santo colocó en su vientre.
Y de esta manera le dijo ¡sí! a Dios,
Y jamás pecó.

María le habló a su esposo José
Acerca del fruto de su vientre.
José decidió proteger a María
    de la vergüenza.
A través de la obediencia de María,
Su hijo, Jesús, vino al mundo
Para quitar el pecado.

Cuando Eva tentó a Adán,
Él comió la fruta prohibida.
En el jardín del Edén,
Adán se ocultó de Dios.
Tenía miedo,
Porque no había seguido
      la voluntad de Dios.
Dios fue a buscarlo
      al jardín.
Adán traicionó a Dios,
Y ahora Adán
      iba a morir.

Cuando Satanás tentó a Jesús,
Él no comió absolutamente nada.
En el huerto de Getsemaní,
Jesús oró a Dios, su Padre.
Estaba en agonía,

Pero Él estaba preparado para a cumplir
   la voluntad de su Padre.
Judas fue a buscarlo
   al jardín.
Judas traicionó a Jesús,
Y ahora Jesús
   iba a morir.

Por su pecado,
Dios expulsó a Adán y a Eva del jardín.
Dios envió a unos ángeles llamados querubines
Y una espada ardiente
Para proteger el camino hacia el árbol de la vida.

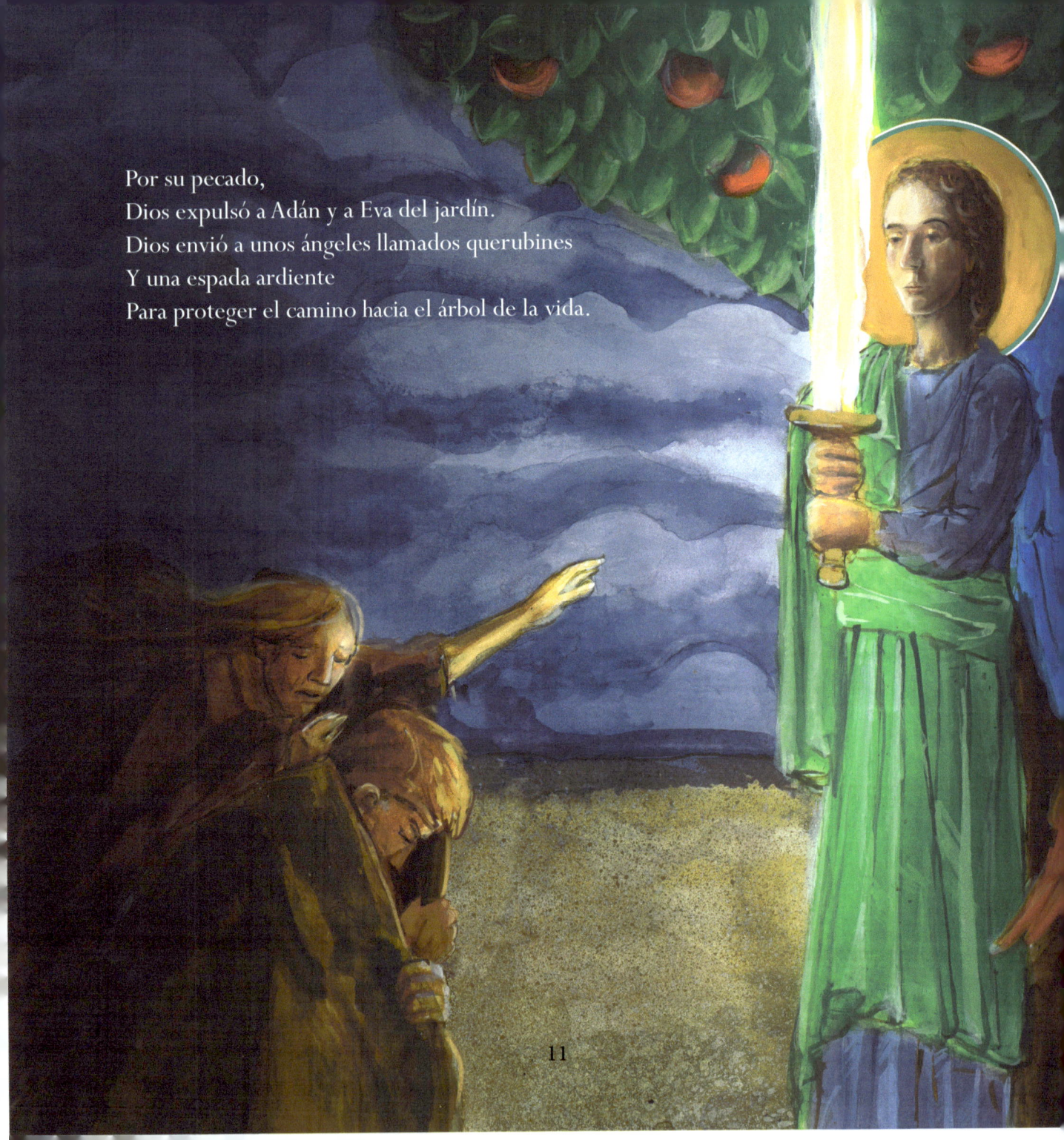

11

A causa de su obediencia,
Jesús se quedó en el jardín.
Dios le envió un ángel para consolarlo.
Jesús le ordenó a su compañero que no utilizara su espada
Para protegerlo su vida.

Adán se hizo ropa
Para ocultar su vergüenza.
En medio del jardín,
El árbol prohibido
Contenía la causa de su pecado.
Debido a que Adán le dijo ¡no! a Dios, su Padre,
Todos los seres humanos deben morir.
Dios les dijo a Adán y a Eva
Que ellos no podían comer del árbol de la vida
Ni vivir para siempre con Él.

A Jesús le quitaron su ropa
Para humillarlo y avergonzarlo.
En medio de dos pecadores,
El madero de la santa Cruz,
Contenía todo el pecado del mundo.
Debido a que Jesús le dijo ¡sí! a Dios, su Padre
Su pueblo ya no tiene que morir.
Jesús dijo que ellos podían comer su cuerpo,
El Pan de Vida,
Y vivir para siempre con Él.

15

16

Cuando Adán y Eva murieron,
Las puertas del Paraíso se cerraron.
Pero Dios tenía un plan
Para volver a abrirlas
Porque Él amaba a su pueblo.

17

Cuando Jesús resucitó de entre los muertos,
Las puertas del Paraíso se abrieron.
Jesús había llevado a plenitud el plan de Dios
De abrirlas de nuevo
Porque amaba a su pueblo.

Biografía de la Autora

Maura Roan McKeegan obtuvo su licenciatura en educación primaria y dedicó cinco años a la docencia de primaria y escuela media. Durante sus estudios de teología en la Universidad Franciscana de Steubenville, Ohio, en EE.UU. (Franciscan University of Steubenville), ella comenzó a sentirse especialmente atraída hacia los estudios de tipología bíblica. "Pensé lo bueno que sería poner en paralelo las historias de la Biblia, para que los niños pudieran ver las relaciones entre el Antiguo y el Nuevo Testamento", dice. Maura creció en la localidad de Potomac, en el estado de Maryland, EE.UU. y ahora vive en Steubenville, Ohio, con su esposo Shaun y sus cuatro hijos.

Biografía del Ilustrador

Ted Schluenderfritz es el ilustrador de varios libros infantiles en inglés incluyendo *A Life of Our Lord for Children*, *The Book of Angels*, y *Darby O'Gill and the Good People*. Asimismo, es diseñador gráfico independiente y director artístico para las revistas norteamericanas *Catholic Digest* y *Gilbert Magazine*. Actualmente vive en Littleton, Colorado, EE.UU. con su esposa Rachel y sus seis hijos. Puede conocer más acerca de su trabajo artístico siguiendo el siguiente enlace en el Internet: www.5sparrows.com.

www.ingramcontent.com/pod-product-compliance
Lightning Source LLC
Chambersburg PA
CBHW042112040426

42448CB00002B/235